カンタンなのにかわいい★

10分で
イベント
スイーツ

木村 遥 著

理論社

もくじ

春
Spring

たっぷりベリーのスコップケーキ …………… 6
バナナとベリーのシュワシュワポンチ ……… 8
シリアルパンケーキ ………………………… 10
くまのドーナツポップ ……………………… 12
マシュマロサンドクッキーポップ ………… 13
アイスでかんたんいちごババロア ………… 16
いちごのフルーツサンド …………………… 18
もふもふどうぶつケーキ …………………… 20
ふわふわキャロットドームケーキ ………… 22
巻くだけフルーツ大福（だいふく） ……… 24
ふわふわバナナオムレット ………………… 26
ベリーのビスケットプチケーキ …………… 27
チョコバナナマグカップケーキ …………… 30
ほっとフルーツグラタン …………………… 32

春のドリンク

ふんわり桜ミルクティー ……………………………… 34
アップルサングリア ……………………………………… 34
ピーチメルバスムージー ……………………………… 35
ベリーヨーグルトスムージー ………………………… 35

COLUMN 誰でもカンタン！スタイリングのコツ

おうちパーティーのデコレーション ………… 36
大人気分のティーパーティー！ ……………… 38

- 電子レンジ、オーブントースターの加熱時間は
  メーカーや機種によって異なりますので、様子を見て加減してください。
  また、加熱する際は付属の説明書に従って、
  高温に耐えられるガラスの器やボウルなどを使用してください。
- 液体を電子レンジで加熱する際、
  突然沸騰する（突沸現象）可能性がありますので、ご注意ください。
- はちみつは乳児ボツリヌス症にかかる恐れがありますので、
  1才未満の乳児には与えないでください。
- 🔥のあるところはヤケドしやすいので注意してください。

お菓子作りの道具を用意しよう

この本では、おもにこんな道具を使います。お菓子作りをはじめる前に、準備しましょう。

はかり
材料を分量どおりにはかるのはお菓子作りの基本。はかりは材料をのせて重さをはかる道具です。

計量スプーン
「大さじ1」「小さじ1」などの分量はこのスプーンではかります。「大さじ」は15㎖、「小さじ」は5㎖です。

計量カップ
1カップは200㎖。はかるときは、平らなところで目盛りの位置と同じ高さに目を合わせましょう。

包丁・キッチンバサミ
どちらも材料を切るのに使います。マシュマロを切るときなどはハサミの方がうまく切れます。

ボウル
電子レンジなどで加熱できる耐熱性がおすすめ。大きさの違うものがあると、湯せんや冷やすのに便利。

バット
材料をのせたり、冷やしたりするのに使います。大小いろいろなサイズをそろえておくと便利です。

泡立て器
材料を混ぜたり、泡立てたりするのに使います。混ぜ加減に合わせてゴムベラと使い分けます。

ゴムベラ
大きめの材料をさっくり混ぜ合わせるときに使います。生地を残さずすくい取るのにも活躍します。

クッキングシート
材料の張りつき防止に使うシート。オーブンやトースターで材料を焼くときなどに下に敷いて使います。

ラップ
やわらかい材料の形を整えたり、材料が乾かないように覆ったり、加熱したりするときに使います。

フードプロセッサー
材料をペースト状にしたり、ジュース作りに使います。刃で手を切らないように注意してください。

ハンドミキサー
電気で動く泡立て器です。手を使うよりスピーディに短時間で材料をかき混ぜることができます。

絞り袋、口金
クリームなどを絞り出すときに使う袋。口金の種類を替えることで、形・模様をアレンジできます。

抜き型
ケーキやクッキーの生地に押し当てて抜きます。いろいろな種類のものがあったれて、サイズも豊富です。

ゼリー型
液状のゼリーを冷やし固めるときに入れる型です。お好みの形・サイズのものを使いましょう。

グラタン皿
グラタンを作るための容器です。そのままオーブンで加熱できるので、お菓子作りにも役立ちます。

この本で使うおもな市販品

市販品を使えば、難しそうなお菓子作りもとっても簡単！まずはこれを準備しよう♪

ホットケーキミックス
小麦粉、砂糖、ふんわり仕上げるためのベーキングパウダーが配合されている、失敗知らずのすぐれもの。

クリームチーズ
牛乳とクリームで作ったチーズ。コクと塩気があり、さわやかな酸味で、いろいろなお菓子に使えます。

生クリーム
口当たりとコクを加えてくれる、ケーキなどによく使う材料。お菓子には動物性のものがおすすめ。

ホイップクリーム
生クリームに砂糖で甘みをつけて泡立ててあるクリーム。絞り袋に入っているので、時短になります。

粉ゼラチン
ゼリーなどのぷるぷるした食感を作り出す材料。使うときは水に加えてふやかし、熱で溶かして使います。

クッキー、ビスケット
サクサクした食感とやさしい甘さがうれしい焼き菓子。形や味を変えて、アレンジを楽しんで！

マシュマロ
メレンゲに砂糖やゼラチンなどを加えたお菓子です。加熱すると溶けるので材料同士をくっつけることも！

カステラ
ふんわりやさしい甘さの焼き菓子。小麦粉、卵、砂糖が原料なので、スポンジケーキのように使えます。

板チョコレート
ビター、ホワイトなどの種類もあり、味や色合いを調整できます。溶かすときは小さく割るのがおすすめ。

チョコチップ
焼き菓子などに混ぜ込むための小さなチョコレートです。食感が楽しく、デコレーションにもおすすめです。

チョコスプレー
カラフルな色合いのミニチョコレートで、単色のものもあります。かわいいトッピングを手軽に追加できます。

チョコペン
絵や模様、文字でお菓子をデコレーションできるチョコ。上手に書くコツは湯せんでやわらかくすること。

粉糖
細かい粉末に加工した砂糖です。普通の砂糖より口当たりがよく、デコレーションにも使えます。

冷凍ベリー
自然な甘さでトッピング、色づけにも使える小さな果実。冷凍されたものは季節関係なく使えて便利。

ヨーグルト
さわやかな酸味を加えられる材料です。本書では砂糖の入っていないプレーンヨーグルトを使います。

ギリシャヨーグルト
水分が少なく濃縮された味わいが特徴のヨーグルト。一般的なヨーグルトを水きりしても代用できます。

たっぷりベリーの スコップケーキ

ガラスのカップに重(かさ)ねるだけの かんたんショートケーキ!

材料・2〜3人分

- いちご…15粒
- カステラ…6切れ
- クリームチーズ(室温にもどす)…150g
- ギリシャヨーグルト…80g
- はちみつ…大さじ1
- ラズベリー、ブルーベリー…各50g

作りかた

1

いちごはヘタをとり、半分に切ります。

↓

2

カステラはひと口大に切ります。

↓

3

ボウルに室温にもどしておいたクリームチーズを入れて、ギリシャヨーグルト、はちみつを加えて混ぜます。

4

器にフルーツ半量、カステラを盛りつけ、❸のクリームをかけて平らにならします。

↓

5

上に残りのフルーツを飾ればできあがり。

調理のPoint!

透明の器を使うと、横からケーキの層が見えて楽しい！ないときは、グラタン皿など大きめのお皿ならなんでもOK！

バナナとベリーの
シュワシュワポンチ
春のパーティーにぴったり！

材料・2人分

いちご…6粒
バナナ…1本
冷凍ベリー…50g
サイダー…200ml

作りかた

⏰ 5

1

いちごは縦半分に切り、ヘタの部分をV字にカットしてハート形にします。

⬇

2

バナナは皮をむき、1cm幅の輪切りにしてからお好みの型で抜きます。

3

器にいちご、バナナ、冷凍ベリーを半量ずつ入れます。

⬇

4

サイダーを器に半量ずつ注ぎます。

調理のPoint!

サイダーを注ぐと冷凍ベリーから色素が自然に溶け出し、全体がピンク色に！ ベリーを使わないときは、アセロラジュースにするとピンク色になるよ。

シリアルパンケーキ
思わず撮りたくなるかわいさ!

材料・2人分

牛乳…120㎖
卵…1個
ホットケーキミックス…150g
サラダ油…適量
お好みのフルーツ…適量
はちみつ…適量
ホイップクリーム(市販品)…適量

調理のPoint!

パンケーキの焼き上がりは、両面に同じくらいの焼き色がつけばOK。フライパンのかわりにホットプレートでも作れるから、みんなで作れば楽しさもアップ!

作りかた　⏲10

1

ボウルで牛乳と卵を混ぜ、ホットケーキミックスを加えてさらに混ぜます。
↓

2

ソース容器に❶を入れます。
↓

3

🔥 フライパンにキッチンペーパーなどでサラダ油を薄くひいて温めます。

4

🔥 フライパンを一度火から下ろしてぬれぶきんの上に置き、❷の生地を小さく絞ります。
↓

5

🔥 もう一度火にかけ、表面がプツプツしてきたらひっくり返します。
↓

6

器にパンケーキ、フルーツを一緒に盛りつけ、はちみつを添えてできあがり。お好みでホイップクリームを添えても◎。

くまの
ドーナツポップ

マシュマロとチョコペンでくまに早変わり!

マシュマロサンドクッキーポップ

のびるマシュマロの食感にハマりそう!

くまの ドーナツポップ

材料・6個分

ミニドーナツ（市販品）…6個
マシュマロ…9個
チョコペン
（ブラック、ホワイト）…各適量

作りかた 🕐 5

① ミニドーナツの奥まで棒をしっかり刺します。

② マシュマロを半分に切り、お湯につけて溶かしたチョコペンを塗ります。

③ ドーナツの穴に❷のチョコを塗った側をしっかり押しつけます。

④ マシュマロの横にチョコペンをつけ、接着剤がわりにして耳をつけます。

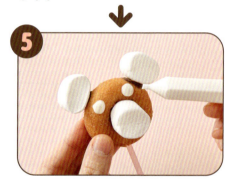

⑤ チョコペンで目と鼻を描きます。

調理のPoint!

グミやベリーを耳にしてもかわいいよ！ ストロー、竹串、ピックなど、棒の種類を変えてみてもいいかも。

マシュマロサンド クッキーポップ

材料・6個分

マシュマロ…12個
クッキー…12枚
板チョコレート…1枚
チョコスプレー、
　アラザン…各適量

作りかた ⏰8

1
マシュマロをハサミで半分に切ります。

↓

2
耐熱皿にクッキングシートを敷いてクッキー6枚を並べ、マシュマロを4個ずつのせます。電子レンジ（600W）で約20秒加熱します。

↓

3
半分に切ったストローをマシュマロのすき間に置きます。

4
残りのクッキーではさみます。

↓

5
小さく割った板チョコレートを電子レンジ（600W）で1分加熱して溶かします。❹にチョコレートをかけ、クッキングシートなどに置きます。

↓

6
チョコレートが乾く前にチョコスプレーやアラザンで飾ります。

調理の Point!

❷でマシュマロを加熱しすぎるとこげてしまうので注意！ややふくらむ程度が目安なので、加熱中の様子を見守っていてね。ホワイトチョコレートにしてもおいしいよ！

アイスでかんたん
いちごババロア

バニラの香りと甘酸っぱいいちごのアンサンブル

材料・4人分

水…大さじ2
粉ゼラチン…5g
バニラアイス…1個（200ml）
牛乳…100ml

[いちごのソース]
いちご…6粒
砂糖…大さじ1
レモン汁…小さじ1

作りかた

⏰ 10

1 器に水を入れ、粉ゼラチンを加えてふやかしておきます。先に水を入れないとダマになるので注意！

2 🖐️🔥 耐熱ボウルにバニラアイス、牛乳を入れて電子レンジ（600W）で3分加熱。❶を混ぜ入れ、さらに30秒加熱し、しっかり混ぜて溶かします。

3 バットに型を並べて❷を流し入れ、冷蔵庫で約2時間冷やします。ガラスカップに入れて固めてもOK。

4 耐熱容器に半分に切ったいちご、砂糖、レモン汁を入れ、電子レンジで1分加熱して冷ましておきます（いちごのソースになります）。

5 ❸の型を約40度のお湯（お風呂くらいの温度）に約3秒つけます。型に皿をかぶせてひっくり返し、ババロアを外します。

6 ❹のいちごのソースをかけて完成です。

調理のPoint!

いちごアイス、抹茶アイスでも作れるよ！❷ではゼラチンがしっかり溶けたか確認してね。

いちごの フルーツサンド

紅茶を添えて、おうちでアフタヌーンティーを♪

材料・2人分

クリームチーズ（室温にもどす）
　…100g
練乳…大さじ2
食パン（8枚切り）…2枚
いちご…5粒（ヘタをとっておく）

作りかた

⏰ 8

1

室温にもどしたクリームチーズをボウルに入れて練乳を加えて混ぜます。

2

まな板にラップを敷いて食パンを並べ、❶のクリーム半量をのばしてからいちごを並べます。

3

残りのクリームをのせて全体にのばします。

4

もう1枚の食パンをのせてラップで包みます。冷蔵庫で冷やすと切りやすくなります。

5

食パンの耳をラップごと切り落とします。切るたびに包丁をお湯で温めて水気をふき取ると、きれいに切れます。

6

ラップを外して対角線に切ります。

調理のPoint!

クリームチーズと練乳のかわりにホイップクリーム（市販品）でもOK！ いちご以外のフルーツもおすすめ。切る位置にいちごを並べると、切断面がきれいになるよ！

材料・4個分

生クリーム…100ml
グラニュー糖…大さじ1
ミニドーナツ(市販品)…4個

コーヒークリーム用
インスタントコーヒー
　…小さじ1/2
お湯…小さじ1

チョコチップ、チョコスプレー、
　チョコ菓子…各適量

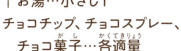

作りかた

10

1

ボウルに生クリームとグラニュー糖を入れます。ボウルを氷水に当てながら、ハンドミキサーで8分立てにする（ツノが立つまでが目安）。

2

コーヒークリームにする場合、❶のクリームにとろみが出てきたらお湯で溶いたコーヒーを加え、ツノが立つまで泡立てます。

3

絞り袋に口金をセットしてクリームを入れます。

4
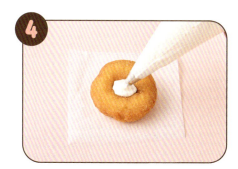

クッキングシートなどにドーナツを置き、動物の形にクリームを絞ります。

5

チョコチップ、チョコ菓子で目、鼻をつけ、お好みでマシュマロ、チョコスプレーなどをトッピング。

調理のPoint!

❸では口金を絞り袋の先に入れ、クリームを入れてから袋の先をはさみで小さくカット。切りすぎには注意。口金の種類、クリームの色、トッピングを変えればいろいろな動物が作れる！

ふわふわキャロット ドームケーキ

ふわっふわのスポンジにさわやかなクリームがぴったり!

材料・直径15cm・800mlのボウル・1個分

- にんじん…1/2本(60g)
- 卵…1個
- ママレード…大さじ3
- サラダ油…大さじ2
- 水…大さじ1
- ホットケーキミックス…150g
- クリームチーズ…50g
- はちみつ…大さじ1

調理のPoint!

キャロットケーキの食感はふわふわ。生地にくるみやレーズンを入れると、風味・食感が変わるよ！型を使わずボウルだけで作るので、後片づけもラクラク！

作りかた ⏰10

1
にんじんは皮をむかず耐熱ボウルにすり下ろします。

2
卵、ママレード、サラダ油、水を加えて泡立て器でしっかり混ぜます。

3
ホットケーキミックスを加えて粉っぽさがなくなるまで混ぜます。

4
🔥電子レンジ（600W）で5分加熱し、竹串を刺してなにもつかなくなったらボウルから外します。

5
クリームチーズを耐熱ボウルに入れて電子レンジで20秒加熱し、はちみつを加えて混ぜます。

6
ケーキの頂上から❺を塗ればできあがり。

巻くだけフルーツ大福

好きなフルーツをあんこと包んで召し上がれ！

材料・6個分

お好きなフルーツ
　（いちご、みかん、バナナなど）
　…各適量
生春巻きの皮…6枚
粒あんまたは白あん…適量
片栗粉…適量

作りかた

⏰ 6

1 まずはフルーツの下準備。いちごはヘタを取り除き、バナナは3㎝幅の輪切り、みかんは皮をむいて半分にします。

↓

2 生春巻きの皮を水にサッとくぐらせ、まな板の上に広げます。

↓

3 あんこを大さじ2くらいのせて真ん中にフルーツをおき、あんこでフルーツを包みます。

4 生春巻きの皮の両端をたたみ、クルクル巻くようにあんこを包みます。

↓

5 同じように6個を作ったら全体に片栗粉をまぶしてできあがり。

調理の Point!

あんこのかわりに生クリーム、クリームチーズなどを入れると、また違う味わいに！
❷で水をつけすぎると皮がまな板にくっついてしまうので、1つずつ作ろう！

ふわふわ
バナナオムレット
たっぷりクリーム&バナナで満足度UP♪

ベリーのビスケットプチケーキ

カップにのせればミルフィーユ風プチケーキに!

ふわふわ
バナナオムレット

材料・3個分
卵…1個
牛乳…大さじ4
サラダ油…大さじ1
ホットケーキミックス…100g
バナナ…2本
ホイップクリーム（市販品）…適量

調理のPoint!
バナナのかわりにいちごや、フルーツ缶もおすすめ！フルーツ缶は、水気をよくきって使ってね。
❸～❹は繰り返してオムレット生地を3個作ってね。

作りかた ⏰10

❶
ボウルに卵、牛乳、サラダ油を入れてしっかり混ぜます。

❷
ホットケーキミックスを加えてさらに混ぜます。

❸
お皿にラップを敷いて❷の1/3の量を流し入れ、直径15cmほどに広げます。ラップをかけずに電子レンジ（600W）で1分30秒～2分加熱します。

❹
温かいうちにラップの両端をひねって半分に折りたたみ、そのままの形で冷まします。

❺
バナナを食べやすい大きさに切ります。

❻
❹にクリームを絞ってバナナをはさみます。

ベリーのビスケット
プチケーキ

材料・4個分

ビスケット…16〜20枚
牛乳…100㎖
ジャム…適量
ホイップクリーム(市販品)…適量
いちご、ラズベリー、
　　ブルーベリー…各適量

作りかた ⏰8

❶ 小さなボウルに牛乳を入れ、ビスケットをサッとひたして全体を湿らせます。

❷ ビスケットをクッキングシートや器に置き、ジャムやホイップクリームをのせます。

❸ ❷にビスケットを重ね、さらにジャム、ホイップクリームをのせます。

❹ お好みの段数を重ねたら一番上をジャム、ホイップクリームで飾ってフルーツをのせます。

調理のPoint!

ビスケット、ジャムの種類でアレンジも自由自在！　味も見た目も好きなように変えられるので、いろいろな組み合わせにチャレンジしてみて。

チョコバナナ マグカップケーキ

レンジで2分！
あっという間に3時のおやつが完成！

材料・1人分

卵…1個
砂糖…小さじ1
サラダ油…大さじ1
ホットケーキミックス…50g
チョコチップ、
　バナナの薄切り…各適量

作りかた

⏰ 5

1

2

マグカップに卵、砂糖、サラダ油を入れ、箸でしっかり混ぜます。

↓

ホットケーキミックスを加えて粉っぽさがなくなるまで混ぜます。

3

チョコチップ、バナナの薄切りなどお好みのトッピングをします。

↓

4

🔥 電子レンジ（600W）で2分加熱し、竹串を刺してくっつかなくなればできあがり。

調理のPoint!

チーズ&コーンで軽食っぽくしたりと、トッピングを変えれば楽しみ方もいろいろ！
❷でココアパウダー大さじ1を混ぜると、ココア味にもできるよ。

ほっと
フルーツグラタン

カスタードの甘さとフルーツの酸味の絶妙マリアージュ！

材料・2人分

卵…1個
牛乳…80ml
グラニュー糖…大さじ1
薄力粉…大さじ1
フルーツ缶…150g
バター…10g
粉糖…適量

作りかた ⏰10

1
ボウルで卵、牛乳、グラニュー糖を混ぜ合わせます。

2
薄力粉をふるい入れ、ダマがなくなるまでよく混ぜます。

3
フルーツ缶のシロップをきってフルーツをグラタン皿に並べます。

4
❷をグラタン皿に流し入れます。

5
🖐🔥 バターをちぎってのせ、予熱しておいたトースターで7〜8分焼きます。

6
焼き上がったグラタンに粉糖をふるいます。

調理のPoint!
いちごやみかん、バナナなどでも作れるよ。冷やして食べてもおいしい！

春のドリンク
ふんわりピンク&イエローは春にぴったりの装い

ふんわり桜ミルクティー
湯気とともに立つ、桜の上品な香り

アップルサングリア
シナモンのフレーバーが大人のアクセント

材料・2人分

ティーバッグ…2個
水…100㎖
牛乳…200㎖
桜の塩漬け…ひとつまみ
マシュマロ…8個

作りかた ⏰5

❶耐熱容器にティーバッグ、水、牛乳、塩を軽く洗った桜の塩漬けを入れ、電子レンジ（600W）で3分加熱します。
❷ティーバッグを取り出してマシュマロをのせ、さらに1分加熱したらカップに注ぎます。

材料・2人分

いちご…6個
オレンジ…1個
シナモンスティック…1本
りんごジュース…200㎖

作りかた ⏰5

❶いちご、オレンジを食べやすい大きさに切ります。
❷グラスにすべての材料を入れてできあがり。

ピーチメルバスムージー
濃厚バニラとピーチの幸運な出会い

ベリーヨーグルトスムージー
さわやかなベリー＆まろやかはちみつ♪

材料・2人分
白桃缶…200g
白桃缶のシロップ…80ml
レモン汁…小さじ1
バニラアイス、ラズベリー…適量
氷…適量

作りかた 5
❶白桃缶の果肉、シロップ、レモン汁をフードプロセッサーにかけます。
❷①をグラスに注いで、氷、バニラアイス、ラズベリーをのせます。

材料・2人分
冷凍ベリー…80g
ヨーグルト…100g
牛乳…大さじ4
はちみつ…大さじ2

作りかた 5
❶すべての材料を合わせて、なめらかになるまでフードプロセッサーにかけます。
❷グラスに注ぎます。

COLUMN
スタイリングのコツ

誰でもカンタン!

おうちパーティーの デコレーション

春は新しい生活が始まる季節。新しい友達も
前からの友達もおうちパーティーで集まって仲良くなろう！

A テーブルのカラフルな紙飾り、壁のリボンなど、デコレーションでパーティーを盛り上げよう！ 紙飾りははさみ・ホッチキスで簡単に作れます。

B カラフルな紙皿、カップで色を足せばテーブルもあざやか！ チョコスプレーをトッピングしたり、ろうそくを飾ったりと、楽しく工夫してみよう。

C カップにマシュマロやゼリービーンズを入れると安定し、スティックを差しても倒れません。見た目もかわいくなるし、もちろん食べられます！

D ケーキスタンドは紙皿の底にテープで紙コップを貼りつけた手作り品。高さを出すと、ケーキも特別な雰囲気を作り出してくれます。

E スイーツのスティックやストローにリボンを巻けばもっとおしゃれに！ リボン・紙皿は100円ショップで簡単にそろえられるものばかりです。

A フルーツサンドはお皿にレースペーパーを敷いてから盛りつけると、パーラーのようで一気に華やかに！ ワンランクアップするテクニックです。

B お気に入りのティーカップ、ソーサーのティーセットを使ってみましょう。色の組み合わせを考えるのもワクワクして楽しい！

C お皿にフルーツやクリームでデコレーションをすれば、スイーツプレートに！

D 紙ナプキンを添えたり、スプーンやフォークの下にもレースペーパーを敷いたりと、かわいくセッティングすると、お店のように！

E フルーツはカットや抜き型で形を整え、ピックに刺してピンチョス風に。余ったフルーツもむだなくいただきます。

大人気分の ティーパーティー！

友達とちょっと気どって楽しみたい、あこがれのアフタヌーンティー。

COLUMN
誰でもカンタン！ スタイリングのコツ

カンタンなのにかわいい★
10分でイベントスイーツ 春

著者　木村 遥
フードコーディネーター/スタイリスト

書籍、雑誌、広告などで
フードコーディネート、
スタイリングなどを手がける。

料理研究家、スタイリストの
アシスタントを経て独立。
＋
お仕事の中では、
お菓子を作ったり
食べる時間の楽しさを
表現するのが特にすき。

アシスタント …………… 川端菜月
制作協力 ………………… 株式会社A.I
撮影 ……………………… 福井裕子
カバー・本文デザイン ……羽賀ゆかり

材料協力 ………………… 株式会社富澤商店
　　　　　　　　　　　　オンラインショップ https://tomiz.com/
　　　　　　　　　　　　電話番号：0570-001919

著　者　木村 遥

発行者　鈴木博喜
編　集　池田菜採
発行所　株式会社理論社
　　　　〒101-0062　東京都千代田区神田駿河台2-5
　　　　電話　営業03-6264-8890　編集03-6264-8891
　　　　URL　https://www.rironsha.com

2024年4月初版
2024年4月第1刷発行

印刷・製本　図書印刷　上製加工本

©2024 Haruka Kimura,Printed in Japan
ISBN978-4-652-20613-3 NDC596 A4変型判 27cm 39p

落丁・乱丁本は送料小社負担にてお取り替え致します。
本書の無断複製（コピー、スキャン、デジタル化等）は著作権法の例外を除き禁じられています。
私的利用を目的とする場合でも、代行業者等の第三者に依頼してスキャンやデジタル化することは認められておりません。

10分スイーツ
全4巻 A4変型判 40ページ
各2800円(税別) C8377 NDC596

カンタンなのにかわいい★シリーズ
好評発売中

10分スイーツ 春・夏
978-4-652-20029-2

10分スイーツ 秋・冬
978-4-652-20030-8

15分でカフェごはん
全4巻 A4変型判 40ページ
各2800円(税別) C8377 NDC596

15分でカフェごはん 春
978-4-652-20159-6

15分でカフェごはん 夏
978-4-652-20160-2

15分でカフェごはん 秋
978-4-652-20161-9

15分でカフェごはん 冬
978-4-652-20162-6

10分スイーツ&100円ラッピング
全4巻 A4変型判 40ページ
各2800円(税別) C8377 NDC596

15分でカフェごはん 春
978-4-652-20159-6

15分でカフェごはん 夏
978-4-652-20160-2

15分でカフェごはん 秋
978-4-652-20161-9

15分でカフェごはん 冬
978-4-652-20162-6